Daniel Dimitrijevic

Crowdsourcing am Beispiel der Humangrid GmbH

GRIN - Verlag für akademische Texte

Der GRIN Verlag mit Sitz in München hat sich seit der Gründung im Jahr 1998 auf die Veröffentlichung akademischer Texte spezialisiert.

Die Verlagswebseite www.grin.com ist für Studenten, Hochschullehrer und andere Akademiker die ideale Plattform, ihre Fachtexte, Studienarbeiten, Abschlussarbeiten oder Dissertationen einem breiten Publikum zu präsentieren.

Daniel Dimitrijevic

Crowdsourcing am Beispiel der Humangrid GmbH

GRIN Verlag

Bibliografische Information der Deutschen Nationalbibliothek: Die Deutsche Bibliothek verzeichnet diese Publikation in der Deutschen Nationalbibliografie; detaillierte bibliografische Daten sind im Internet über http://dnb.d-nb.de/ abrufbar.

1. Auflage 2011
Copyright © 2011 GRIN Verlag
http://www.grin.com/
Druck und Bindung: Books on Demand GmbH, Norderstedt Germany
ISBN 978-3-640-90006-0

Betriebswirtschaftslehre, insbesondere
Internationales Vertriebs- und Servicesmanagement
www.wirtschaft.fh-aachen.de/pietsch.html

ecommerce – Fallstudien zur Wirtschaftsinformatik
Wintersemester 2010/2011

FH AACHEN
UNIVERSITY OF APPLIED SCIENCES

ecommerce-Fallstudie zum Thema

Crowdsourcing am Beispiel der Humangrid GmbH

erstellt von

Daniel Dimitrijevic,

Aachen, April 2011

Inhalt

II

III

Abbildungsverzeichnis

1. Einführung

Die Weltwirtschaftskrise und stetig steigende Kosten haben Unternehmen in der jüngsten Zeit dazu gezwungen interne Prozesse und Systeme dahingehend zu optimieren, dass ein wettbewerbsfähiges Handeln und somit die Existenz sichergestellt werden kann. Vor allem der Personalbereich eines jeden Unternehmens ist ein maßgeblicher Kostenverursachungsfaktor, welcher jedoch nicht vollkommen ersetzt werden kann, da der Mensch einen entscheidenden Beitrag zur Erreichung von Unternehmenszielen leistet. Zur Optimierung des Personaleinsatzes und den daraus resultierenden Kosten ist es notwendig, neben organisatorischen Maßnahmen bezüglich Arbeitsmodalitäten auch die Bedürfnisse der Mitarbeiter zu betrachten, denn es ist empirisch belegt, dass die Arbeitszufriedenheit des Personals eine Korrelation mit dem Betriebserfolg aufweist.[1] All diese Voraussetzungen führten dazu, dass innovative und strategisch bedeutsame Maßnahmen ergriffen werden mussten, die den Personalaufwand reduzieren, ohne aber Personal abzubauen.

Mit dem Crowdsourcing wurde begonnen, weitgehend auf institutionale Personalbestände zu verzichten und stattdessen die Intelligenz einer Vielzahl von freiwilligen Arbeitskräften zu nutzen. Dies wird vor allem im Falle von schlecht automatisierbaren Aufgaben relevant, da der Faktor „Mensch" hier einen wichtigen Bestandteil zur qualitativ hochwertigen Aufgabenerfüllung leistet. Aufgrund der Tatsache, dass immense Personalkosten eingespart werden können, geriet das Crowdsourcing in der Vergangenheit verstärkt in den Fokus der Diskussion über mögliche Maßnahmen zur Abwendung des globalen Wohlstandgefälles.[2]

Dies klingt im ersten Moment sehr lukrativ, doch hier muss man, nach Abwägung möglicher Vor- und Nachteile, ein für sich passendes Konzept herausfiltern, damit eine Fehlpositionierung ausgeschlossen werden kann.

Ziel dieser Arbeit ist es, interessierten Unternehmen, potentiell Mitwirkenden und potentiellen Kunden zu zeigen, wie sie das Crowdsourcing-Prinzip für ihre

---

[1] Vgl. Bröckermann, Reiner: Personalwirtschaft – Lehr- und Übungsbuch für Human Resource Management, 4. Auflage, Schäffer Poeschel-Verlag, Stuttgart 2007, S. 424.
[2] Vgl. Roth, Steffen: Open Innovation, unter: http://steffenroth.files.wordpress.com, abgerufen am 15.10.2010.

Bedürfnisse nutzen können und was dabei beachtet werden sollte. Hierbei wird der Bezug zum eCommerce aufgezeigt und auf wirtschaftlich-soziale Aspekte eingegangen.

2. Grundlagen

In diesem Abschnitt sollen der Begriff, die technische Basis, sowie mögliche Anwendungsgebiete des Crowdsourcing-Prinzips dargelegt werden. Darüber hinaus wird auch der Begriff des eCommerce geklärt, da die Kenntnis dessen grundlegend für das Verständnis der weiteren Ausführungen in dieser Arbeit ist.

2.1. eCommerce

Unter eCommerce versteht man die elektronische Abwicklung von Geschäftsprozessen über Computernetzwerke. Das Internet wird also als „weltumspannende Handelsplattform"[3] genutzt. Durch die Präsenz vieler Händler und Dienstleister im Internet ist eine schnelle und einfache Vergleichbarkeit der Angebote durch den Kunden möglich. So ergibt sich auch die Möglichkeit, die Angebote herauszufiltern, die den Leistungs- und Preisansprüchen am besten gerecht werden.

2.1.1. Geschäftsmodell

Ein Geschäftsmodell bezeichnet „die Abbildung des betrieblichen Leistungssystems eines Unternehmens, also die Funktionen einer Unternehmung in ihren Erträgen und Aufwendungen. Es zeigt, welche externen Ressourcen in ein Unternehmen fließen und wie sie durch den Leistungserstellungsprozess in Produkte beziehungsweise Dienstleistungen umgewandelt werden. Entscheidende Bedeutung für die Beurteilung eines Geschäftsmodells haben immer die Zahlungsbereitschaft der Kunden, die unternehmerische Preispolitik und die Wettbewerbsposition des jeweiligen Produktangebots."[4]

2.1.2. Erlösmodell

Das Erlösmodell ist – vereinfacht formuliert – die Methode, die ein Unternehmen nutzt, um sein Geschäftsmodell zu finanzieren. In wirtschaftlicher Sprache ausgedrückt erwirtschaftet die Unternehmung hiermit den Erlös, welcher nach Abzug aller anfallenden Kosten im besten Falle einen Gewinn ergibt. Da Unternehmen,

---

[3] Wirtschaftslexikon24, unter: http://www.wirtschaftslexikon24.net/d/e-commerce/e-commerce.htm, abgerufen am 13.02.2011.
[4] Gabler Verlag (Hrsg.), Gabler Wirtschaftslexikon, Stichwort: Geschäftsmodell, unter: http://wirtschaftslexikon.gabler.de/Archiv/154125/geschaeftsmodell-v5.html, abgerufen am 13.02.2011.

welche im eCommerce aktiv sind nicht nur in einem Markt Erlöse erwirtschaften können, sondern in mehreren Märkten, kann die Art des Erlösmodells nach diversen Dimensionen unterschieden werden.[5] Hierzu gehören:

- Erlösmodell Content: Gegenstand ist der Verkauf von informativen oder unterhaltenden Medieninhalten (Content). Beispiele für dieses Erlösmodell sind kostenpflichtige Printmedien oder auch Pay-TV. Im Falle von Pay-TV sind dabei als konkrete Erlösform alle Varianten zwischen Video on Demand beziehungsweise Pay per View einerseits und dem klassischen Abonnement-Fernsehen mit nutzungsunabhängigem Entgelt andererseits denkbar.[6]

- Erlösmodell Commerce: Hier liegt der Fokus auf dem Verkauf von Gütern oder Dienstleistungen. Spezielle Online-Shops werden eingerichtet, um den Kunden eine Bestellung der Waren im Internet zu ermöglichen. Der Versand kann im Falle von Kleidung oder Lebensmitteln auf konventionelle Weise (Postversand) und im Falle von digitalen Produkten (Software) online zum Beispiel per Download erfolgen.[7] Bei Dienstleistungen steht nicht die materielle Produktion eines Endproduktes im Vordergrund. Die Übermittlung der fertiggestellten Dienstleistung hängt daher stark von der Art der Dienstleistung ab. So können die Ergebnisse einer durchgeführten Umfrage beispielweise zusammengestellt und verdichtet werden und diese ebenfalls in Form eines Downloads übermittelt werden.

- Erlösmodell Connection: Bei diesem Erlösmodell wird der Erlös durch das Angebot von Interaktion generiert. Hierbei soll eine verstärkte Kundenbindung an das jeweilige Produkt geschaffen werden. Ein weitverbreitetes Beispiel für dieses Erlösmodell sind Gewinnspiele im Fernsehen, an denen man

---

[5] Vgl. Gabler Verlag (Hrsg.), Gabler Wirtschaftslexikon, Stichwort: Erlösmodelle im Medienbereich, unter: http://wirtschaftslexikon.gabler.de/Archiv/569876/erloesmodelle-im-medienbereich-v2.html, abgerufen am 13.02.2011.
[6] Vgl. Gabler Verlag (Hrsg.), Gabler Wirtschaftslexikon, Stichwort: Erlösmodelle im Medienbereich, unter: http://wirtschaftslexikon.gabler.de/Archiv/569876/erloesmodelle-im-medienbereich-v2.html, abgerufen am 13.02.2011.
[7] Vgl. Gabler Verlag (Hrsg.), Gabler Wirtschaftslexikon, Stichwort: Erlösmodelle im Medienbereich, unter: http://wirtschaftslexikon.gabler.de/Archiv/569876/erloesmodelle-im-medienbereich-v2.html, abgerufen am 13.02.2011.

teilnehmen kann, indem man kostenpflichtige Rufnummern wählt und beispielsweise direkt mit den Moderatoren der Sendung verbunden wird um eine Gewinnspielfrage zu lösen.[8]

- Erlösmodell Context: „Angebot einer Orientierungsfunktion im Angebot. Das Erlösmodell Context richtet sich an Kunden, denen durch die Nutzung beispielsweise von elektronischen Programmzeitschriften (Electronic Program Guide (EPG) oder auch von kostenpflichtigen Informationsportalen im Internet ein besserer Überblick über das jeweilige Angebot geboten werden soll."[9]

2.2. Crowdsourcing

2.2.1. Begriff des Crowdsourcing

„Crowdsourcing" setzt sich zusammen aus „crowd", dem englischen Wort für „Menschenmenge" und „Outsourcing", was die Auslagerung von Aufgaben an eine undefinierte, große Gruppe von Menschen außerhalb eines Unternehmens beschreibt.[10] Da es im deutschen Sprachgebrauch kein Wort gibt, welches die Bedeutung von Crowdsourcing wiedergibt, wurde der englische Begriff ins Deutsche übernommen.

Um die grundlegende Bedeutung von Crowdsourcing zu klären und damit ein besseres Verständnis des behandelten Themas zu ermöglichen, muss eine Definition vorgenommen werden.

---

[8] Vgl. Gabler Verlag (Hrsg.), Gabler Wirtschaftslexikon, Stichwort: Erlösmodelle im Medienbereich, unter:
http://wirtschaftslexikon.gabler.de/Archiv/569876/erloesmodelle-im-medienbereich-v2.html, abgerufen am 13.02.2011.
[9] Gabler Verlag (Hrsg.), Gabler Wirtschaftslexikon, Stichwort: Erlösmodelle im Medienbereich, unter: http://wirtschaftslexikon.gabler.de/Archiv/569876/erloesmodelle-im-medienbereich-v2.html, abgerufen am 13.02.2011.
[10] Vgl. Chard, Christopher, Knoll, Ken, Schiereck, Dirk: Innovationen durch Crowdsourcing in der Finanzinstrie, in: IT-basiertes Innovationsmanagement, hrsg. von Hofmann, Josephine, dpunkt-Verlag, Heidelberg 2010, S. 57 – S. 64, hier S. 57.

2.2.2. Definition

Erstmalig erwähnt wurde Crowdsourcing von Jeff Howe, einem Redakteur des Computermagazins Wired.[11]

Im Allgemeinen wird unter Crowdsourcing das Generieren von Mehrwerten durch Personen bezeichnet, die außerhalb der gewöhnlichen Strukturen eines Unternehmens Teilaufgaben eines Gesamtprozesses erfüllen.[12] Somit kann also gesagt werden, dass beim Crowdsourcing eine hohe Anzahl bereitwilliger User, Aufgaben für Auftraggeber unter starker, horizontaler Arbeitsteilung für ein geringes oder gar kein Entgelt erfüllen.

Die Einbeziehung des Begriffes „Outsourcing" spiegelt den Bezug zur Betriebswirtschaftslehre wider. Outsourcing bezeichnet das Auslagern von Wertschöpfungs- beziehungsweise Dienstleistungsaktivitäten an externe Zulieferer und Dienstleister. Durch diese Auslagerung wird eine Verkürzung der Leistungstiefe beziehungsweise der Wertschöpfungskette erreicht, so dass die Unternehmung ihre Konzentration vollkommen auf die Kernaktivitäten legen kann, um beispielsweise die Gemeinkosten von Entwicklungsarbeiten und Dienstleistungen zu senken. Zusammenfassend handelt es sich also um eine Methode der kostenorientierten Verkürzung der Wertschöpfungstiefe. Dies kann die Marktposition eines Unternehmens verbessern. Dazu sind allerdings moderne Produktions- und Logistikkonzepte notwendig.[13]

2.3. Einsatzgebiete

Ausgehend von den Erkenntnissen der Definition wird klar, dass sich das Crowdsourcing nicht ausschließlich auf den eCommerce beschränkt. Es ist ebenso möglich Crowdsourcing auf dem konventionellen Wege zu „veranstalten". So hat in jüngster Zeit der Telekommunikationskonzern Deutsche Telekom AG in Kooperation

---

[11] Vgl. Roskos, Matias: Der Erfinder des Begriffes Crowdsourcing, unter:
http://www.socialnetworkstrategien.de/2008/11/der-erfinder-des-begriffes-crowdsourcing-jeff-howe/,
abgerufen am 16.10.2010.
[12] Vgl. Roskos, Matias: Crowdsourcing: Mehrwerte, Chancen, Definition, unter:
http://www.socialnetworkstrategien.de/2010/07/crowdsourcing-mehrwerte-chancen-definition/,
abgerufen am 16.10.2010.
[13] Vgl. Gabler Verlag (Hrsg.), Gabler Wirtschaftslexikon, Stichwort: Outsourcing, unter:
http://wirtschaftslexikon.gabler.de/Archiv/54709/outsourcing-v7.html, abgerufen am, 13.02.2011.

mit dem Musikproduzenten Thomas D Bürger über bundesweite Fernsehwerbung dazu aufgerufen, ihre Gesangskünste unter Beweis zu stellen um einen neuen Werbesong für das mobile Internet der Telekom zu komponieren. Der Versand der aufgenommenen Tonspuren/Videodateien konnte sowohl per E-Mail, als auch konventionell über den Postversand erfolgen (hierzu musste die Datei an ein physisches Speichermedium wie CD, USB-Stick oder Ähnliches gebunden sein). Somit ist der Verkauf von Gütern und Dienstleistungen über das Internet, also der klassische eCommerce, nicht betroffen. Das Endergebnis war der neu interpretierte Song „7 seconds" von Thomas D und „MillionVoices". Der Aufruf zur Aktion sowie das Endergebnis kann auf YouTube unter folgenden Links eingesehen werden:

- Aufruf: http://www.youtube.com/watch?v=R4i3IYQ7wAA&feature=relmfu[14]

- Ergebnis: http://www.youtube.com/watch?v=UExMAyzl6VQ&feature=related[15]

Ein weiteres Beispiel von Crowdsourcing, welches nicht in den Bereich des eCommerce fällt sind Aufrufe von Firmen, Unternehmen und Konzernen an die Bevölkerung, Namensvorschläge für Produkte oder Maskottchen abzugeben. Das Phantasialand in Brühl bei Köln rief vor einigen Jahren dazu auf Namensvorschläge für sechs neue Maskottchen des Freizeitparks abzugeben. Das Ergebnis bestand dann aus den – aus Sicht des Phantasialands – passendsten Namen für die neuen Fantasiefiguren. Leider liegen heute keinerlei Nachweise mehr über den Aufruf vor. Lediglich die sechs Figuren können auf der Homepage des Freizeitparks angesehen werden.[16]

Da diese Arbeit aber im Rahmen des eCommerce-Seminars der Fachhochschule Aachen erstellt wird und die Abdeckung der kompletten Bandbreite, für welche das Crowdsourcing eingesetzt werden kann den Rahmen dieser sprengen würde, handelt es sich ab dieser Stelle, wenn von Crowdsourcing die Rede ist, um die elektronische Version. Also um die Auslagerung von Aufgaben an eine Menschenmasse, die in digitaler Form (im Internet) bearbeitet werden. Mögliche Anwendungsgebiete sind hier die Erstellung von Texten, Recherchearbeiten,

---

[14] YouTube.com, abgerufen am 13.02.2011.
[15] YouTube.com, abgerufen am 13.02.2011.
[16] Die Maskottchen: http://phantasialand.de/ger/Park/Die-6-Drachen, abgerufen am 13.02.2011.

Übersetzungen, Bildbearbeitung et cetera. Die Möglichkeiten sind so vielfältig, das eine lückenlose Aufzählung nicht gelingen will, diese werden aber am Beispiel der Humangrid GmbH im weiteren Verlauf der Arbeit noch weiter konkretisiert. An dieser Stelle kann allerdings bereits festgehalten werden, dass sich das anwendende Unternehmen im Klaren darüber sein muss, wie das Crowdsourcing-Prinzip sinnvoll für seine Bedürfnisse eingesetzt werden kann.

Um noch einmal auf die verschiedenen Erlösmodelle des eCommerce einzugehen, kann man sagen, dass das Crowdsourcing grundsätzlich für alle der oben genannten Formen eingesetzt werden kann. Um Content zu erstellen könnte man zum Beispiel die Aufgabe Informationstexte zu erstellen an die „Crowd" auslagern. Das Erlösmodell Connection wird beispielsweise durch Anrufer in Gewinnspielshows realisiert. Auch hier wird das Crowdsourcing im übertragenen Sinne durch das gemeinsame Lösen von Gewinnspielfragen angewandt. Wie das Erlösmodell Commerce mit dem Crowdsourcing realisiert wird, wird in Abschnitt 3.1. am Beispiel der Humangrid GmbH dargelegt. Beim Context verhält es sich ähnlich wie beim Content. Auch hier könnte man die Aufgabe Informationsexte zu verfassen auslagern.

2.4. Grundstruktur des Crowdsourcing

Das Crowdsourcing basiert auf dem Web 2.0. Das Web 2.0 ist eine Technologie, bei der nicht nur die Verbreitung von Informationen im Vordergrund steht, sondern durch die Beteiligung Vieler ein Zusatznutzen geschaffen wird.[17] Ein bekanntes Medium auf der Grundlage des Web 2.0 ist die Online-Enzyklopädie Wikipedia, bei der Artikel durch die Beteiligung vieler Nutzer verfasst und verifiziert werden.

Im Unterschied zum Outsourcing, bei dem bestimmte Aufgaben des Unternehmens an eine definierte Teilgruppe oder –organisation ausgelagert werden, ist die Vorgehensweise des Crowdsourcing eher undefiniert. Beim Outsourcing wird mit großer Sorgfalt ein passender Kandidat ausgewählt, welcher für die Erfüllung der Aufgabe geeignet ist. Dieser Auswahlprozess erfolgt innerhalb des Crowdsourcing sehr viel anonymer. Der dahinterstehende Gedanke ist aber eben so innovativ wie

---

[17] Vgl. Lackes, Richard, Siepermann, Markus: Web 2.0, unter:
http://wirtschaftslexikon.gabler.de/Archiv/80667/web-2-0-v7.html, abgerufen am 16.10.2010.

einfach: Falls nur eine ausreichende Menge an Leistungsanbietern eine Lösung für die gestellte Aufgabe offerieren, so wird mit hoher Wahrscheinlichkeit eine Auswahl von sehr guten Ergebnissen darunter zu finden sein.[18]

Das Crowdsourcing bedient sich den vielfältigen Möglichkeiten der Open-Source-Technologien.[19]

2.5. Technik des Crowdsourcing

Open Source-Technologien wie das Crowdsourcing sind primär Workflow-getrieben.[20]

Open Source bedeutet, dass Menschen Zugang zu bestimmten Programmen oder Plattformen haben, um somit deren Weiterentwicklung durch ihre Mitarbeit zu fördern.[21]

Ein Workflow bezeichnet einen Prozess, der aus einzelnen Teilprozessen aufgebaut ist, welche sich auf Teile eines Gesamtprozesses beziehen. Durch den Workflow wird dabei die operative Ebene im günstigsten Falle so genau beschrieben, dass der darauf folgende Teilprozess vom Ausgang des jeweils vorgelagerten Teilprozesses abhängig ist. Somit ergibt sich eine Interdependenz zwischen den einzelnen Teilprozessen. Die Aufgabe eines Workflow-Systems ist die Unterstützung, Verwaltung und Automatisation von Geschäftsprozessen durch Informationstechnologie, somit also spezifizierte Aufgaben mithilfe von IT-Unterstützung auszuführen.[22]

---

[18] Vgl. Chard, Christopher, Knoll, Ken, Schiereck, Dirk: Innovationen durch Crowdsourcing in der Finanzindustrie, S. 58.
[19] Vgl. Chard, Christopher, Knoll, Ken, Schiereck, Dirk: Innovationen durch Crowdsourcing in der Finanzindustrie, S. 61 ff.
[20] Vgl. Reinhardt, Michael, Wiener, Martin, Amberg, Michael: Anforderungen und Umsetzungen einer IT-Unterstützung für Open Innovation im Unternehmen, in: IT-basiertes Innovationsmanagement, hrsg. von Hofmann, Josephine, dpunkt-Verlag, Heidelberg 2010, S. 87 – S. 96, hier S. 89.
[21] Vgl. Nüttgens, Markus: Open-Source-Software, unter: http://www.enzyklopaedie-der-wirtschaftsinformatik.de/wi-enzyklopaedie/lexikon/uebergreifendes/Kontext-und Grundlagen/Markt/Open-Source-Software/index.html/?searchterm=open%20source, abgerufen am 27.11.2010.
[22] Vgl. Karagiannis, Dimitris: Workflow-Management-System, unter: http://www.enzyklopaedie-der-wirtschaftsinformatik.de/wi-enzyklopaedie/lexikon/is-management/Systementwicklung/Softwarearchitektur/Middleware/Workflow-Management-System/index.html/?searchterm=workflow, abgerufen am 27.11.2010.

Mit der Einführung eines Workflow-Systems werden in der Regel Ziele verfolgt, welche wie folgt lauten können:

- Verbesserung der Qualität der Prozesse,

- Vereinheitlichung der Prozesse,

- Erhöhung der Flexibilität der Prozesse,

- Erhöhung der Transparenz der Prozesse.[23]

Hierin bildet sich auch die Grundlage des Crowdsourcing. Wie im weiteren Verlauf dieser Arbeit beschrieben, existiert eine Interdependenz zwischen den einzelnen Tätigkeiten. Hier sei noch einmal das Beispiel Wikipedia angeführt: Jemand verfasst einen Artikel über ein bestimmtes Thema. Dieser Artikel wird allerdings nicht ohne Weiteres für die Masse freigegeben, sondern muss zunächst verifiziert werden. Hier ergibt sich also eine Abhängigkeit zwischen den Ergebnissen von mindestens zwei Personen, dem Autor und den Korrektoren des Artikels.

Um das Crowdsourcing also sinnvoll zu nutzen, muss diese Interdependenz zwischen Erstellung und Überprüfung des Ergebnisses geschaffen werden. Dies kann nur funktionieren, wenn den beteiligten Menschen Aufgaben und Kompetenzen exakt zugeordnet werden und die Kollaboration und Kommunikation so möglich gemacht wird. Würde jemandem die Rolle des Erstellers und des Korrektors in gleichem Maße zukommen, könnte die benötigte Qualität des Ergebnisses nicht sichergestellt werden.[24]

Social Networks bilden ein Beispiel dafür, wie Crowdsourcing nicht funktionieren kann. Hier kann jeder Beiträge, Kommentare und Nachrichten verfassen, sowie Bewertungen für bestimmte Dinge abgeben. Ebenso kann der Ersteller einer Nachricht diese auch korrigieren oder löschen. Rollen, Kompetenzen und Aufgaben sind nicht klar verteilt. Der Grund hierfür liegt aber darin, dass ein Social Network

---

[23] Vgl. Richter von Hagen, Cornelia, Stucky, Wollfried: Business-Process- und Workflowmanagement, 1. Auflage, Teubner Verlag, Wiesbaden 2004, S. 16 ff.
[24] Vgl. Reinhardt, Michael, Wiener, Martin, Amberg, Michael: Anforderungen und Umsetzungen einer IT-Unterstützung für Open Innovation im Unternehmen, S. 86.

nicht die gleichen Zwecke erfüllt, wie eine Crowdsourcing-Plattform. Zum besseren Verständnis ist hier eine Abgrenzung hilfreich.

2.6. Crowdsourcing versus Social Networks

Wie bereits beschrieben ist das Crowdsourcing ein Prinzip, welches das Generieren von Mehrwerten durch die Beteiligung von vielen, freiwilligen Personen beinhaltet.

Die Idee, die hinter Social Networks steckt ist allerdings eine andere. Social Networks sind virtuelle Communities (Facebook, StudiVZ, Xing), deren Mitglieder Profile unterhalten, sich verbinden und miteinander interagieren. Neben der Wartung und Veränderung der Profile ist eine der Hauptaktivitäten das „Befreunden" mit anderen Nutzern und das daraus resultierende pflegen dieser Bekanntschaften in aller Welt.[25] Obwohl mittlerweile viele Unternehmen Social Networks zu Marketing- und Marktforschungszwecken verwenden, werden diese Plattformen eher aus Unterhaltungs- und Freizeitgründen genutzt. So nutzt mittlerweile jeder vierte Amerikaner mindestens einmal im Monat Sites für soziales Networking.[26]

Demnach ist der Sinn hinter Social Networks also nicht das Generieren eines Mehrwertes, sondern die Pflege und der Aufbau von Kontakten über geographische Grenzen hinweg.

3. Umsetzung des Crowdsourcing am Beispiel der Humangrid GmbH

Im folgenden Kapitel wird die Humangrid GmbH und deren Tätigkeiten vorgestellt, um aufzuzeigen auf welche Weise das Crowdsourcing effizient genutzt werden kann. Darüber hinaus wird der gesamte Prozess der Projektbearbeitung aus Sicht aller Beteiligten dargestellt und auf das Qualifikationssystem für Clickworker eingegangen, um einen Einblick „hinter die Kulissen" geben zu können.

Dieser Abschnitt verfolgt nicht den Zweck, ein Leitfaden oder eine Broschüre zu sein. Der Weg, den die Humangrid GmbH einschlägt ist sicherlich nicht der „einzig Wahre", jedoch ist das Unternehmen ein positives Beispiel dafür, wie das Prinzip

---

[25] Vgl. Li, Charlene, Bernhoff, Josh: Facebook, YouTube, Xing & Co – Gewinnen mit Social Technologies, Carl Hanser Verlag, München 2009, S. 28.
[26] Vgl. Li, Charlene, Bernhoff, Josh: Facebook, YouTube, Xing & Co – Gewinnen mit Social Technologies, S. 28.

konform zu übergeordneten Unternehmenszielen angewendet werden kann. Daher kann es interessierten Unternehmen Anregungen bieten und potentiellen Kunden, sowie Mitwirkenden beispielhaft zeigen, wie ein Crowdsourcing-Prozess ablaufen kann.

3.1. Die Humangrid GmbH

Bevor eine detaillierte Beschreibung davon erfolgt, wie die Humangrid GmbH das Crowdsourcing-Prinzip anwendet, soll das Unternehmen zunächst kurz vorgestellt werden.

Die Humangrid GmbH wurde im Jahre 2005 in Dortmund gegründet, wo sie auch noch heute ihren Sitz hat. Ziel war es von Anfang an, Projekte von Auftraggebern schnell, effizient und flexibel umzusetzen. Dabei setzt das Unternehmen nach dem Crowdsourcing-Prinzip auf die Intelligenz und Energie tausender Mitarbeiter, so genannter Clickworker.[27]

Diese arbeiten flexibel und unabhängig von ihrem eigenen Computer aus. Einzige Voraussetzung ist ein funktionierender Internetzugang und die Registrierung als Clickworker im Netzwerk (Workplace). Über eine standardisierte Benutzeroberfläche werden, je nach Qualifikation des Clickworkers Aufträge eingestellt, die dann nacheinander auf einer Honorarbasis abgearbeitet werden können. Alle Aufgaben sind in sich abgeschlossen und zumeist Teil eines größeren Projektes.[28]

Mit dieser Geschäftsidee wurde die Humangrid GmbH seit ihrer Gründung bereits mehrfach ausgezeichnet.[29]

3.2. Anwendungsgebiete von Crowdsourcing bei der Humangrid GmbH

Um weitere Anwendungsgebiete des Crowdsourcing aufzuzeigen, wird hier die Humangrid GmbH als Musterbeispiel angeführt.

Ziel-Märkte der Humangrid GmbH sind beispielsweise eCommerce, Internet, Medien und Telekommunikation. Die klassischen Aufgaben umfassen dabei

---

[27] Vgl. Humangrid GmbH, unter: http://www.clickworker.com/about-us/, abgerufen am 16.10.2010.
[28] Vgl. Humangrig GmbH, unter: http://www.clickworker.com/about-us/, abgerufen am 16.10.2010.
[29] Vgl. Humangrid GmbH, unter: http://www.clickworker.com/about-us/, abgerufen am 16.10.2010.

Recherchearbeiten sowie die Erstellung, Erfassung und Bearbeitung von Inhalten wie Texten, Video, Audio, Foto und anderen Medien. Auch speziell marketingstrategische Aspekte, wie das Verfassen von Werbetexten werden von der Produktpalette des Crowdsourcing bei der Humangrid GmbH abgedeckt. Der Dienst des Unternehmens basiert auf der Technik von Open-Source-Technologien.[30]

Hier wird insbesondere die menschliche Intelligenz als Ressource benötigt, da Arbeiten dieser Art nur schwer automatisierbar und damit schlecht von Computern zu erledigen sind.

Unterstrichen wird dies, wenn man bedenkt, welche Bandbreite an Kundenspezifikationen es geben kann. Glossartexte müssen eher neutral gehalten werden, Werbetexte hingegen sollten frisch wirken und die menschliche Seite durch Redewendungen und Anreize ansprechen. Computer können zwar Texte erstellen und dabei grammatikalische Normen einhalten, Texte allerdings nicht mit „Gefühlen" versehen.

Das Geschäftsmodell der Unternehmung ist also die Erstellung von Dienstleistungen (Texte, Recherchen) für verschiedene Auftraggeber gegen Entgelt. Das Geschäftsmodell wird also durch den Erhalt von Zahlungen der Auftraggeber finanziert. Somit handelt es sich beim Erlösmodell um Commerce, da Dienstleistungen über das Internet verkauft und durch das Crowdsourcing-Prinzip erstellt werden.

3.3. Der Prozess des Crowdsourcing bei der Humangrid GmbH

Inhalt dieses Abschnitts ist die Beschreibung eines kompletten Crowdsourcing-Prozesses wie er bei der Humangrid GmbH durchgeführt wird. Hier wird dieser aus den Sichtweisen des Auftraggebers, des Auftragnehmers, sowie der Clickworker betrachtet.

---

[30] Vgl. Humangrid GmbH, unter: http://www.clickworker.com/wp-content/uploads/2010/09/Onepager_clickworker.com_.pdf, abgerufen am 16.10.2010.

3.3.1. Projektprozess aus Sicht des Kunden

Kunden können in der Regel nicht nur Unternehmen, sondern auch Privatpersonen sein. In diesem Abschnitt wird gezeigt, wie die Projekterfüllung aus Sicht des Kunden von statten geht.

3.3.1.1. Auftragseinstellung

Die Auftragseinstellung für Kunden erfolgt über eine Benutzeroberfläche. Hierfür ist zunächst ein Login erforderlich. Hier können die Art des Projektes, die spätere Verwendung und hierfür notwendige Spezifikationen festgelegt werden. Selbst individuellsten Kundenwünschen kann hierbei Beachtung geschenkt werden, da die spätere Art und Weise der Projektbearbeitung ein hohes Maß an Flexibilität gewährleistet (siehe Abschnitt 3.3.2.).

Hierbei ist es auch möglich, eine größere Anzahl von thematisch gleichartigen oder ähnlichen Aufträgen gleichzeitig einzustellen. Hiermit wird dann die erneute Eingabe der Auftragsspezifikation für gleiche Aufträge überflüssig, was zu einem erhöhten Komfort beim Kunden führt.[31]

Weiterhin können Kunden das API (Application Programming Interface) in ihre Anwendungen integrieren. Dies macht eine nahtloses Einstellen und Abrufen von Aufträgen direkt in das Anwendungssystem des Auftraggebers möglich und reduziert dessen Kommunikationsaufwand auf ein Minimum.[32]

Application Programming Interfaces stellen Programmierschnittstellen dar, die Funktionalitäten auf der Basis von Softwarebibliotheken bereitstellen.[33] Ein API ermöglicht somit den Zugriff auf Datenbanken oder Hardware, so dass der Kunde seine Aufträge an seinem Computer erstellen und aus dem Erstellungsprogramm (beispielsweise Microsoft Word) direkt in das Anwendungssystem von Humangrid laden kann, ohne dieses zusätzlich aufzurufen.

---

[31] Vgl. Humangrid GmbH, unter: www.clickworker.com/kunden-faq, abgerufen am 16.10.2010.
[32] Vgl. Humangrid GmbH, unter: http://www.clickworker.com/api/, abgerufen am 16.10.2010.
[33] Vgl. Chantelau, Klaus, Brothuhn, René: Multimediale Client-Server-Systeme, Springer-Verlag, Heidelberg 2010, S. 16.

Aus den Kundenspezifikationen wird dann ein Arbeitspaket erstellt, welches nur von den Clickworkern gesehen werden kann, welche sich für Tätigkeiten qualifiziert haben, die für die Erfüllung der Aufgabe relevant sind.[34]

Die Bearbeitungszeit hängt stark vom Umfang und den speziellen Wünschen ab und kann daher nicht pauschalisiert werden.[35]

3.3.1.2. Auftragsabnahme

Um den fertigen Auftrag überprüfen zu können, wird dieser auf der Benutzeroberfläche des Kunden sichtbar. Vorab kann die Option des Korrekturlesens durch wiederum andere Clickworker gewählt werden. Ist das Ergebnis für den Kunden nicht zufriedenstellend, besteht die Möglichkeit, dieses zurückzuweisen. Es wird dann im Folgenden intern darüber beraten, ob der Auftrag neu erstellt werden muss, oder die Auftragsspezifikation eventuell zu ungenau war, so dass dem Clickworker hier keine Schuld zuzuweisen ist. So wird sichergestellt, dass es beim Auftraggeber nicht zu einer doppelten Zahllast kommt.[36]

Ist der Auftrag fertiggestellt und sind die qualitativen Anforderungen des Kunden erfüllt, erscheint auf der Benutzeroberfläche das fertige Aufgabenpaket, welches dann zum Export in verschiedene Formate zur Verfügung steht.[37]

3.3.1.3. Bezahlung

Der Preis des Projektes orientiert sich an seinem Umfang, so dass auch hier keine pauschale Angabe gemacht werden kann. Die Rechnung steht zum Download bereit, sobald das Projekt abgeschlossen ist. Die Zahlung kann zur Zeit der Erstellung dieser Arbeit nur per PayPal erfolgen.[38]

3.3.2. Projektprozess aus Sicht der Humangrid GmbH

Der gesamte Prozess gestaltet sich für das Unternehmen selber eher unkompliziert. Das liegt daran, dass sämtliche Arbeiten von Clickworkern übernommen werden und

---

[34] Vgl. Humangrid GmbH, unter: www.clickworker.com/kunden-faq, abgerufen am 16.10.2010.
[35] Vgl. Humangrid GmbH, unter: www.clickworker.com/kunden-faq, abgerufen am 16.10.2010.
[36] Vgl. Humangrid GmbH, unter: www.clickworker.com/kunden-faq, abgerufen am 16.10.2010.
[37] Vgl. Humangrid GmbH, unter: www.clickworker.com/kunden-faq, abgerufen am 16.10.2010.
[38] Vgl. Humangrid GmbH, unter: www.clickworker.com/kunden-faq, abgerufen am 16.10.2010.

nur in Ausnahmefällen wie Aufgabenzurückweisungen, Eingriffe seitens des institutionellen Personals nötig sind. Hierbei sollte aber nicht vergessen werden, dass jeder Auftrag auch kaufmännischer Bearbeitung bedarf. Diese Aufgabe wird nach Auftragsbeendigung intern von Humangrid wahrgenommen.

Nach Auftragseingang wird zunächst ein Arbeitspaket erstellt.[39] Das gesamte Projekt wird dann in kleinste Teilaufgaben, so genannte Mikrojobs zerlegt und in den Verteiler des Workplace eingepflegt.[40] Hier haben die registrierten Clickworker dann die Möglichkeit, diese Mikrojobs zu erledigen. Voraussetzung sind notwendige Qualifikationen.[41] Grund für die Zerlegung der Projekte in kleinste Arbeitsaufgaben ist die damit gewährleistete Kreativität und Unverfälschtheit. So werden zum Beispiel Texterstellungsprojekte derartig aufgeteilt, dass zu jedem Schlagwort ein eigener Text erstellt werden muss. Eine Vielzahl von Clickworkern verfasst dann Texte für das gesamte Projekt, was dazu führt, dass Wiederholungen vermieden und mehrere abwechslungsreiche Texte geboten werden. Auch nach Erstellung und Prüfung werden die Projekte aufgeteilt. So wird niemals ein Clickworker, welcher einen Text erstellt hat, diesen auch korrigieren.[42] Hiermit wird Flexibilität sichergestellt, da der Korrektor in der Lage ist, die Teilaufgabe hinsichtlich der Kundenspezifikation anzupassen, ohne dass die Aufgabe dann wieder einen langwierigen Rückstellungs- und Neubearbeitungsprozess durchlaufen muss. Ist der Auftrag fertiggestellt und überprüft, werden die Mikrojobs durch ein spezielles Workflow-System wieder zusammengeführt und dem Auftraggeber zum Download bereitgestellt oder direkt durch API übermittelt.[43]

---

[39] Vgl. Humangrid GmbH, unter: www.clickworker.com/kunden-faq, abgerufen am 16.10.2010.
[40] Vgl. Humangrid GmbH, unter: http://www.clickworker.com/wp-content/uploads/2010/09/Onepager_clickworker.com_.pdf, abgerufen am 16.10.2010.
[41] Vgl. Humangrid GmbH, unter: http://www.clickworker.com/wp-content/uploads/2010/09/Onepager_clickworker.com_.pdf, abgerufen am 16.10.2010.
[42] Vgl. Humangrid GmbH, unter: http://www.clickworker.com/2010/09/14/anzeige-aller-jobs-wie-sich-diese-zahl-zusammensetzt/#more-9, abgerufen am 16.10.2010.
Anmerkung zu 19 und 20: Zur Einsicht des Workplace ist ein Login erforderlich. Ich kann hierfür meine Daten zur Verfügung stellen.
[43] Vgl. Humangrid GmbH, unter: http://www.clickworker.com/wp-content/uploads/2010/07/Unternehmenspr%C3%A4sentation_July_2010.pdf, abgerufen am 17.10.2010

3.3.3. Projektprozess aus Sicht des Clickworker

3.3.3.1. Registrierung

Zu Anfang muss man als Clickworker keine besonderen Qualifikationen aufweisen. Lediglich ein funktionierender Internetzugang, ein E-Mail-Account, sowie die Fähigkeit Texte in der Muttersprache zu lesen ist Voraussetzung, um sich als Clickworker bei Humangrid zu registrieren.[44]

Dies kann innerhalb weniger Minuten erfolgen, in dem man den Button Registrieren unter der Website www.clickworker.com betätigt.

3.3.3.2. Profil und Qualifikationen

Um Aufträge im Workplace bearbeiten zu können, muss man zuvor sein Profil hinsichtlich Sprachkenntnissen, Interessen und Fähigkeiten ausfüllen. Nur so können passende Jobs auf der Benutzeroberfläche zur Verfügung gestellt werden.

Um aber tatsächlich arbeiten zu können, muss man neben der Komplettierung des Profils auch an Qualifikationen teilnehmen. Hierzu zählen Projektqualifikationen, für zukünftig neu eingestellte Projekte und auch Sprachqualifikationen, um als Autor für Texte in bestimmten Sprachen zugelassen zu werden.

Die Qualifikationsaufträge starten in der Regel mit einer kurzen Einführung darüber, worum es im Projekt geht, sowie einer Anleitung, auf welche Besonderheiten und Schwierigkeiten man während der Bearbeitung achten muss. Zudem werden Modalitäten wie die obligatorische Verwendung der Rechtschreibprüfung bei der Texterstellung oder die Überprüfung von Weblinks auf deren Richtigkeit aufgeführt. Um mit der Qualifikation beginnen zu können, muss man sich mit diesen Anweisungen einverstanden erklären und mit einem Klick auf einen entsprechenden Button bestätigen.

Folgende Abbildungen zeigen die Startseite, sowie den eigentlichen Qualifikationsauftrag auf der Benutzeroberfläche eines Clickworker:

---

[44] Vgl. Humangrid GmbH, unter: http://www.clickworker.com/clickworkerjob/, abgerufen am 16.10.2010.

Abbildung 1 Startseite zum Qualifikationsauftrag auf der Benutzeroberfläche eines Clickworker.[45]

Abbildung 2 Qualifikationsauftrag auf der Benutzeroberfläche eines Clickworker.[46]

---

[45] Vgl. Humangrid GmbH, unter:
https://workplace.clickworker.com/de/clickworker/trainings/confirm_instruction?id=10461, abgerufen
am 16.10.2010.
[46] Vgl. Humangrid GmbH, unter:
https://workplace.clickworker.com/de/clickworker/trainings/10461/edit, abgerufen am 16.10.2010.

Um Aufträge erledigen zu können, muss man in der Regel einen bestimmten Wert in der jeweiligen Qualifikation erreicht haben. So führt ein Wert unter 75% bei Autorenqualifikationen für bestimmte Texte dazu, dass man Aufträge solcher Art nicht bearbeiten kann.

Sprachqualifikationen bestehen meist aus aufeinanderfolgenden Aufgabenteilen, in denen Kenntnisse in Rechtschreibung, Sprachgebrauch und Grammatik geprüft werden.

3.3.3.3. Bearbeitung von Aufträgen

Hat man die erforderlichen Qualifikationen absolviert, stehen auf der Benutzeroberfläche diverse Aufträge zur Bearbeitung bereit. Die Anzahl der Aufträge, die bearbeitet werden soll, bestimmt jeder Clickworker individuell selber. Einzige Restriktion ist die zeitliche Vorgabe durch Humangrid. In der Regel hat man aber ausreichend Zeit, den ausgewählten Auftrag gewissenhaft zu bearbeiten. Überschreitet man diesen zeitlichen Rahmen allerdings, wird der Auftrag abgebrochen und man wird direkt zurück zur Startseite geleitet.

Diese Zeitvorgabe soll sicherstellen, dass der Auftraggeber nicht all zu hohe Wartezeiten in Kauf nehmen muss. Außerdem wird so vermieden, dass ein Auftrag zu lange für einen Clickworker reserviert, und somit zur „Auftragsleiche" wird.[47]

3.3.3.3.1. Auftragsarten

Clickworker können verschiedene Arten von Aufträgen wahrnehmen. Neben der Erstellung von Texten, der Recherche und Validierung von Daten (primäre Auftragserfüllung), gehören zum Aufgabenspektrum auch die Korrektur und Überprüfung von Ergebnissen anderer Clickworker (sekundäre Auftragserfüllung). Ein spezielles Zuteilungsverfahren stellt dabei sicher, dass kein Clickworker eigens von ihm erstellte Arbeiten korrigiert.

---

[47] Vgl. Humangrid GmbH, unter: http://www.clickworker.com/faq/, abgerufen am 16.10.2010.

3.3.3.3.1.1. Primäre Auftragserfüllung

Zur primären Auftragserfüllung gehören bereits erwähnte Tätigkeiten, wie die Erstellung bestimmter Texte oder Artikel, oder die Recherche von Daten. Die Benutzeroberfläche gliedert sich dabei ähnlich wie die in Abschnitt 3.3.3.2. gezeigten Qualifikationsaufträge.

3.3.3.3.1.2. Sekundäre Auftragserfüllung

Die sekundäre Auftragserfüllung bezeichnet im Gegensatz zur primären Auftragserfüllung nicht die eigentliche Verrichtung der vom Auftraggeber spezifizierten Arbeit, sondern die Überprüfung dessen. Hierbei wird beispielsweise bei Texten die Rechtschreibung, die Grammatik und der Stil bewertet, wobei kleinere Fehler vom überprüfenden Clickworker selbst zu verbessern sind. Ist der Text derart fehlerhaft, dass es mehr Zeit in Anspruch nehmen würde, ihn zu korrigieren, als ihn neu zu verfassen, ist der Auftrag abzulehnen. Dieser wird dem Ersteller dann zur Überarbeitung wieder in seine Benutzeroberfläche geladen und ist dann für zwei Tage reserviert. Wird der Auftrag in dieser Zeit nicht überarbeitet, wird er anderen Clickworkern zur Verfügung gestellt. Wird der Text trotz Überarbeitung ein zweites Mal als nicht annehmbar verifiziert, so wird ähnlich verfahren. Hier besteht allerdings der Unterschied, dass der Clickworker, welchem der Auftrag bereits zum zweiten Mal abgelehnt wurde, nicht mehr für Bearbeitung dieses Teilprojektes zugelassen ist.

Hier bildet sich die in Abschnitt 2.3.beschriebene Interdependenz zwischen den Teilaufgaben des Crowdsourcing noch einmal heraus. Der erfüllte Arbeitsauftrag des Clickworkers gilt nur dann als ordentlich erbracht, falls der Korrektor keinerlei Beanstandungen am Arbeitsergebnis vorzubringen hat. Andernfalls muss die Aufgabe überarbeitet werden. Zudem sei hier auch noch mal auf die Wichtigkeit der Aufgaben- bzw. Arbeitsteilung hingewiesen. Hätte der Clickworker seinen Auftrag selber korrigiert, so hätte er ihn auch bei Fehlern nicht durchfallen lassen und die vom Auftraggeber verlangte Qualität wäre nicht erreicht worden.

3.3.3.4. Prüfung der Arbeitsergebnisse

Jeder gespeicherte Auftrag durchläuft nach Annahme des Korrektors eine Plagiatskontrolle. Desweiteren kann jeder Kunde das Ausmaß der Qualitätssicherung seines Auftrages selber bestimmen.[48] Legt der Auftraggeber keinen Wert auf die interne Überprüfung durch Humangrid, so wird lediglich eine Plagiatskontrolle durchgeführt. Weiterhin ist es möglich, die Arbeitsergebnisse durch zwei Clickworker-Korrektoren und anschließend vom Qualitätsmanagement prüfen zu lassen. Auch hier ist eine Plagiatskontrolle inbegriffen. In jedem Fall hat der Auftraggeber bei Fertigstellung des Projektes die Möglichkeit, das Ergebnis noch selbstständig zu überprüfen und gegebenenfalls zurückzuweisen.

3.3.3.5. Vergütung

Die Höhe der Vergütung für den Clickworker hängt maßgeblich vom Umfang der Arbeitsaufträge ab.

Folgende Abbildung zeigt, dass in der Regel ca. 0,10 € pro Wort bei Texterstellungsaufgaben vergütet werden:

Abbildung 3 Benutzeroberfläche eines Clickworker mit verschiedenen, zur Bearbeitung freigegebenen Aufträgen und zugehöriger Vergütung.[49]

---

[48] Vgl. Humangrid GmbH, unter: http://www.clickworker.com/kunden-faq/, abgerufen am 17.10.2010.
[49] Vgl. Humangrid GmbH, unter: http://workplace.clickworker.com/de/clickworker/dashboard, abgerufen am 17.10.2010.

Nach Beendigung und Speicherung des Arbeitsauftrages wird der Verdienst zunächst dem Clickworker-Konto gutgeschrieben. Hier wird zwischen Kontostand und Beträgen, die zur Auszahlung bereit sind, unterschieden. Wird das gespeicherte Ergebnis von der Qualitätskontrolle als annehmbar befunden, wird das Honorar für diesen Job als zur Auszahlung bereit gespeichert. Entspricht das Ergebnis nicht der geforderten Qualität, wird das Entgelt zunächst storniert und dann zur Überarbeitung reserviert. Hier sei erwähnt, dass nicht jede Crowdsourcing-Plattform die erbrachten Leistungen entlohnt. Bei Wikipedia werden Texte unentgeltlich erstellt, allerdings steht es hier jedem frei, die Inhalte zu lesen, zu kopieren, und zu vervielfältigen – dies stellt hier die Gegenleistung dar.[50]

Abbildung 4 Zunächst gutgeschriebenes und dann zur Auszahlung bereit gespeichertes Honorar.[51]

Das Honorar wird den Clickworkern monatlich jeweils am 7. per Banküberweisung übermittelt. Dies hat interne, verwaltungstechnische Gründe. Dabei werden Beträge, welche unter 10 € liegen nicht ausgezahlt.[52] Diese verfallen allerdings nicht, sondern bleiben dem Konto des Clickworkers gutgeschrieben, bis ein darüber liegender Betrag erwirtschaftet wurde.

Nachdem dieser Schritt durchgeführt wurde, ist der gesamte Projektbearbeitungsprozess aus Sicht aller Beteiligten beendet.

---

[50] Vgl. Wikipedia, unter: http://de.wikipedia.org/wiki/Wikipedia:%C3%9Cber_Wikipedia, abgerufen am 18.11.2010.
[51] Vgl. Humangrid GmbH, unter: https://workplace.clickworker.com/de/clickworker/dashboard, abgerufen am 17.10.2010.
[52] Vgl. Humangrid GmbH, unter: http://www.clickworker.com/?p=4739, abgerufen am 17.10.2010.
Anmerkung zu 27 und 28: Zur Einsicht des Workplace ist ein Login erforderlich. Ich kann hierfür meine Daten zur Verfügung stellen.

Zur abschließenden Zusammenfassung zeigt folgendes Schaubild diesen Gesamtprozess in vereinfachter Darstellung:

Abbildung 5 gesamter Projektbearbeitungsprozess am Beispiel der Humangrid GmbH unter Einbeziehung aller Beteiligten (Kunden, Unternehmen, Clickworker).[53]

---

[53] Vgl. Humangrid GmbH, unter: http://www.clickworker.com/das-clickworker-prinzip, abgerufen am 17.10.2010.

4. Crowdsourcing in der Diskussion

Nachdem das Crowdsourcing ausführlich definiert und an einem Praxisbeispiel vorgeführt worden ist, beschäftigt sich dieser Abschnitt nun mit den wirtschaftlich-sozialen Aspekten, welche das Prinzip durch die intensive Einbindung menschlicher Arbeitskraft beinhaltet. Zudem wird erörtert warum die Idee, die hinter dem Crowdsourcing steckt tatsächlich funktioniert.

4.1. Bedeutung des Crowdsourcing für Unternehmen

Das Crowdsourcing kann einem Unternehmen außerordentliche Vorteile, aber auch umfangreiche Nachteile bieten. Zum wirtschaftlichen Einsatz des Prinzips gilt es, mögliche Vor- und Nachteile mit Bedacht abzuwägen. Diese werden in diesem Abschnitt vorgestellt.

Unternehmen, die im Rahmen der Produktentwicklung und -erstellung auf das Crowdsourcing setzen, machen Kunden oder Internetnutzer nicht zu passiven Konsumenten, sondern lassen diese aktiv Produkte mitgestalten oder am Entstehungsprozess mitwirken. Das Crowdsourcing wird somit ein Teil einer interaktiven Wertschöpfungskette, was zu einer erhöhten Marktakzeptanz führen kann. Für Unternehmen ergibt sich darüber hinaus der Vorteil der möglichen Arbeitsteilung, der Kostenersparnis durch Ideenlieferung von außen und einem höheren Output an Ideen. So wird der Zeitraum der Produkterstellung durch viele potentielle „Arbeiter" verkürzt und somit die Innovationskosten gesenkt. Da das Kerngeschäft von freiwilligen Mitarbeitern übernommen wird, ist die Auftragsdurchführung für das Unternehmen selber recht einfach. Lediglich Auftragsannahme und –zuteilung muss koordiniert werden, die Fertigung wird von der „Crowd" übernommen. Die „Personalbeschaffung und -entwicklung" erfolgt so gut wie automatisch, da eine eventuelle Vergütung und die Einfachheit der Aufgaben einen Anreiz für Freiwillige, als Mitarbeiter zu agieren, darstellt. Nur in Ausnahmefällen werden Eingriffe notwendig. Auch Anlernzeiten für Online-Mitarbeiter gibt es kaum, da notwendige Qualifikationen über die Plattform absolviert werden können. Dies führt dazu, dass das Unternehmen die Möglichkeit hat, die Personaldisposition auf ein Minimum zu reduzieren, da kein fester Mitarbeiterstamm notwendig ist (ausgenommen hiervon sind Mitarbeiter der Geschäftsführung,

Verwaltung und Technik) und die Weiterbildung der Clickworker automatisch erfolgen kann. Hieraus resultiert ein geringer Anteil an Fixkosten im Unternehmen und eine vertrauensvolle Zusammenarbeit durch einen relativ geringen Personalbestand. Weil die Abwicklung sämtlicher Komponenten über Online-Plattformen möglich ist, ergibt sich ein sehr geringer Kommunikationsaufwand, was den gesamten Prozess für Kunden und Unternehmen erleichtert.

Allerdings können aus der Implementierung des Crowdsourcing-Prinzips auch gewisse Nachteile entstehen. Es muss überlegt werden, in welcher Form das Prinzip im eigenen Unternehmen sinnvoll eingesetzt werden kann. Eine Fehlentscheidung in diesem Bereich führt keinesfalls zum gewünschten Erfolg. Hierzu sollte zunächst ein Konzept entwickelt werden, welches nicht nur die Leistungserstellung, sondern ebenso die Ergebnisfilterung umfasst. Die „Crowd" produziert einen hohen Anteil an Ausschuss. Die große Menge an Input verbessert nicht automatisch die Qualität des Inputs, daher muss die Filterung der wertvollen Inputs gut durchdacht sein. Aus diesem Grund müssen Instrumente (Plattformen, SocialCommunity-Portal) entwickelt werden, die die Anforderungen transparent machen und die Filterung ermöglichen. Voraussetzung für ein solches Vorgehen ist ein qualitativ hochwertiges, fachspezifisches Wissen, was Anwendungsarchitekturen und Software betrifft, da das Modell fast ausschließlich auf Technologien basiert Hier besteht zudem die Gefahr, dass die gesamte Geschäftätigkeit durch Defekte, Ausfälle oder Störungen in der IT-gestützten Infrastruktur lahmgelegt wird. Die Crowd sollte „angeheizt" werden, man muss mit ihr in den Dialog treten um die Masse zu gewinnen. Allerdings muss man hier einen geeigneten Weg finden, mit den potentiell Mitwirkenden zu kommunizieren. Darüber hinaus sollte den Mitwirkenden etwas Adäquates zurückgegeben werden. Dies muss kein Entgelt sein – ein gemeinsam generierter Nutzen ist je nach Projekt ausreichend. Allerdings kann die Entscheidung über eine solch adäquate Gegenleistung äußerst schwerfällig sein. Neben diesen grundsätzlichen Schwierigkeiten gibt es ebenfalls wirtschaftliche Risiken, die das Crowdsourcing mit sich bringen kann. Durch den bereits erwähnten, umfassenden Einsatz von IT sind hohe Kosten für die Wartung und Aktualisierung der Systeme vorprogrammiert. Auch der Anteil an variablen Kosten im Unternehmen ist völlig unsicher und unregelmäßig, da nie vollkommen sicher ist, wie viele Aufträge, in welcher Zeit, von wie vielen Personen erledigt werden. Hieraus ergibt sich ein hoher

Aufwand an kaufmännisch-analytischen Tätigkeiten, die zur Schätzung von Kosten unter strategischen Gesichtspunkten notwendig sind. Diese durch Wahrscheinlichkeiten untermauerte Schätzung ist wiederum mit Unsicherheiten behaftet, die zu Fehlentscheidungen führen können. Außerdem kann es zu einer sehr hohen Anzahl an Mitwirkenden und damit einhergehenden Datenmengen (Auszahlungs,- Einzahlungs-, Abrechnungsbeträge) kommen, welche Rechnungswesen und Controlling erschweren. Durch die hohe horizontale Arbeitsteilung kann es dazu kommen, dass einzelne Aufgaben qualitativ nicht angemessen erfüllt werden.[54] Dies führt zu einer erhöhten Fertigungsdauer des Gesamtprojektes.

4.2. Bedeutung des Crowdsourcing für freiwillige Mitarbeiter

Auch für die freiwilligen Mitarbeiter bietet das Crowdsourcing einige Vorteile. So ist es möglich auf einfache und relativ schnelle Art und Weise, ohne Druck vom Vorgesetzten bei freier Zeiteinteilung, Geld zu verdienen und so sein Einkommen aufzubessern – auch ohne formale Qualifikationen. Voraussetzung hierfür ist allerdings, dass an einer Crowdsourcing-Plattform teilgenommen wird, die bearbeitete Aufträge auch vergütet. Bei vielen bekannten Plattformen wie Wikipedia, ist dies nicht der Fall. In aller Regel ist der gesamte Registrierungsprozess völlig frei von Kosten und Aufwand. Durch Schreibarbeiten werden Schreibstil sowie Rechtschreib- und Grammatikkenntnisse geschult.

Ebenso können gewisse Nachteile bei Teilnahme an einem Crowdsourcing-Prinzip entstehen. Zu nennen wäre hier die relativ geringe Bezahlung der einzelnen Aufträge, das bedeutet (bei Humangrid), dass eine Vielzahl von Aufträgen erledigt werden muss, damit ein auszahlbarer Verdienst erwirtschaftet wird. Ab einem bestimmten Verdienst könnte es zu steuerlichen Problemen kommen. Es ist nicht eindeutig, zu welcher Einkommensart diese Art von Einkommen gezählt wird. Durch die Einteilung in Mikrojobs ergibt sich für Clickworker eine hohe horizontale Arbeitsteilung und damit das stupide Ausüben immer wieder gleichartiger Arbeiten (Ausnahmen liegen dann vor, falls genügend verschiedene Gesamtprozesse zur Bearbeitung bereitstehen). Daraus können sich Motivationsverluste beim Clickworker

---

[54] Vgl. Schulte-Zurhausen, Manfred: Organisation, 5. Auflage, Vahlen Verlag, München 2010, S. 155.

bemerkbar machen, der die Aufträge dann nicht mehr qualitativ hochwertig erfüllt.[55] Ebenso existiert beim Crowdsourcing eine Situation, bei der Menschen andere Menschen bewerten. Erhöhtes Konfliktpotential ist also gegeben.

4.3. Warum funktioniert das Crowdsourcing-Prinzip?

Neben den möglichen Vor- und Nachteilen, die Aufschluss darüber geben können, aus welchem Grund das Prinzip angewandt wird, stellt sich die Frage warum und wie es überhaupt funktioniert. Die Antwort liegt augenscheinlich auf der Hand: Man muss lediglich genug Leute finden, die mitmachen. Um diese Leute zu finden ist es notwendig, gewisse Anreize zu schaffen. Diese können entweder aus einer bereits beschriebenen Vergütung, oder auch aus dem Gefühl bestehen, Teil einer „Bewegung", eines Ganzen zu sein. Die Möglichkeit, Produkte und Dienstleistungen mitgestalten zu können bringt neben dem Zugehörigkeitsgefühl auch Spaß. Im Gegensatz zu Werbung, die eher als nervend beurteilt wird, macht das Mitreden und Mitmachen Freude. So kommt es dazu, dass eine Masse von Menschen das zu entwickelnde Gut bereits vor der Markteinführung kennt, da sie maßgeblich an der Erstellung beteiligt war. Daraus resultiert eine Bekanntheit ohne Werbung im klassischen Sinne, indem das Gut durch eine Art Mundpropaganda an Bekanntheit gewinnt - jeder weiß aus eigener Erfahrung, dass Aussagen aus dem sozialen Umfeld (beispielsweise von Freunden) wie: „Kauf dir das!" oder: „Mach' da mit!" sehr überzeugend sein können. Dies kann schließlich dazu führen, dass durch Crowdsourcing erstellte Güter Käufer finden oder aber weitere Mitwirkende für Projekte gefunden werden. Hierin liegt im Übrigen die Begründung dafür, dass Crowdsourcing so häufig im Internet angewandt wird. Wo sonst ist es möglich, viele Tausende an der Entwicklung eines neuen Gutes teilhaben zu lassen?

Um das Prinzip letztendlich tatsächlich erfolgreich einsetzen zu können, sollte man folgende grundsätzliche Regeln beachten:

- Die Aufgabe muss auch aus der Entfernung, also „remote" erledigt werden können, da die „Crowd" auf der ganzen Welt verteilt sein kann.

---

[55] Vgl. Schulte-Zurhausen, Manfred: Organisation, S. 155.

- Die Aufmerksamkeitsspanne der Mitwirkenden ist relativ gering – vor allem dann, wenn keine monetäre Vergütung erfolgt. Daher sollten die Aufgaben so ausgelegt sein, dass dafür nur eine gewisse Zeit pro Person benötigt wird.

- Die beste Lösung wird von den Mitwirkenden meist selber gefunden. Dies wird durch die bereits beschriebenen Abhängigkeiten zwischen den einzelnen Mitwirkenden geschafft. Es wird so lange bewertet und korrigiert, bis das Ergebnis den zugrundegelegten Ansprüchen gerecht wird.

5. Fazit

Die vorangehenden Erkenntnisse zeigen, dass keine allgemeingültige Aussage über die Vorteilhaftigkeit des Prinzips getroffen werden kann. Durch die Implementierung dieser innovativen Technik können dem Unternehmen einige Vorteile geboten werden. So sind die Einsparung hoher Kosten durch das Ausbleiben eines regelmäßigen Personalbestandes und die Möglichkeit, Produkte von potentiellen Kunden gestalten zu lassen wohl die „schillerndsten" Tatsachen, die Managements davon überzeugen können, das Crowdsourcing-Prinzip anzuwenden. Zudem bietet sich für Menschen die Möglichkeit, schnell und einfach Geld zu verdienen oder an einer Art Bewegung teilzuhaben. Dies wird wohl vor allem Studenten anlocken, die angesichts ihrer (in der Regel) geringen Einkommen, kaum eine zeitsparendere Nebentätigkeit finden können. Allerdings muss klar gesagt werden, dass das Crowdsourcing den Menschen als reinen Produktionsfaktor sieht und somit den gängigen Normen des Personalmanagements nicht gerecht wird. Obgleich die Mitwirkenden keine Mitarbeiter im eigentlichen Sinne sind, sollte man hier die Relevanz eines angemessenen Anreizsystems nicht in Frage stellen. So sollten ebenso die Gefahren, die sich ergeben können nicht unbeachtet bleiben. Durch die so gut wie ausschließlich durch Technik gestützte Geschäftsidee ergeben sich beachtliche Kosten, welche die Wartung und Steuerung der Systeme betrifft. Zudem ist ein umfangreiches Know-How in diesem Bereich absolut unabdingbar.

Festzuhalten bleibt also, dass das Crowdsourcing für Unternehmen eine Möglichkeit sein kann, sich auf dem Markt zu behaupten und die Position im Wettbewerb zu verbessern. Man sollte aber sämtliche Vor- und Nachteile mit Bedacht abwägen und sich darüber im Klaren sein, ob die notwendigen Voraussetzungen für den Aufbau

eines solchen Konzeptes vorhanden sind, ansonsten können die gewünschten Erfolge nicht durch das Crowdsourcing generiert werden.

Literaturverzeichnis

Bücher

Bröckermann, Reiner (2007). *Personalwirtschaft – Lehr- und Übungsbuch für Human Resource Management.* Stuttgart: Schäffer Poeschel-Verlag.

Chantelau, Klaus, Brothuhn, René (2010). *Multimediale Client-Server-Systeme.* Heidelberg: Springer-Verlag.

Hofmann, Josephine (2010). *IT-basiertes Innovationsmanagement (Sammelband).* Heidelberg: dpunkt-Verlag.

Li, Charlene, Bernhoff, Josh (2009). *Facebook, YouTube, Xing & Co – Gewinnen mit Social Technologies.* München: Carl Hanser Verlag.

Richter von Hagen, Cornelia, Stucky, Wollfried (2004). *Business-Process- und Workflowmanagement.* Wiesbaden: Springer Fachmedien.

Schulte-Zurhausen, Manfred (2010). *Organisation.* München: Verlag Vahlen.

Onlinemedien

Gabler Verlag, Gabler Wirtschaftslexikon. http://wirtschaftslexikon.gabler.de/.

Humangrid GmbH. http://www.clickworker.com.

Karagiannis, Dimitris. *Workflow-Management-System.* http://www.enzyklopaedie-der-wirtschaftsinformatik.de. Abgerufen am 27.11.2010.

Lackes, Richard, Siepermann, Markus. *Web 2.0.* http://wirtschaftslexikon.gabler.de. Abgerufen am 16.10.2010.

Nüttgens, Markus. *Open-Source-Software.* http://www.enzyklopaedie-der-wirtschaftsinformatik.de. Abgerufen am 27.11.2010.

Phantasialand. http://www.phantasialand.de. Abgerufen am 13.02.2011.

Roskos, Matias. *Der Erfinder des Begriffes Crowdsourcing.* http://www.socialnetworkstrategien.de. Abgerufen am 16.10.2010.

Roth, Steffen. *Open Innovation.* http://steffenroth.files.wordpress.com. Abgerufen am 15.10.2010.

Wikipedia. http://www.wikipedia.de. Abgerufen am 18.11.2010.

Wirtschaftslexikon24. http://www.wirtschaftslexikon24.net/.